101
nützliche Tips

Hunde-pflege

101 nützliche Tips

Hunde-pflege

Dr. Bruce Fogle

BASSERMANN

Beachten Sie bitte auch den Hinweis auf weitere Titel dieser Reihe am Ende des Buches.

EIN DORLING-KINDERSLEY-BUCH

Die Deutsche Bibliothek – CIP-Einheitsaufnahme

Hundepflege : 101 nützliche Tips / Bruce Fogle. [Übers. Helmut Roß]. – Niedernhausen/Ts. : Bassermann, 1997
ISBN 3-8094-0406-3

ISBN 3 8094 0406 3

© der deutschen Ausgabe 1997 by Bassermann'sche Verlagsbuchhandlung,
65527 Niedernhausen/Ts.
© der englischen Originalausgabe 1995 by Dorling Kindersley Limited, London
Originaltitel: Caring for your Dog
Die Verwertung der Texte und Bilder, auch auszugsweise, ist ohne Zustimmung des Verlags urheberrechtswidrig und strafbar. Dies gilt auch für Vervielfältigungen, Übersetzungen, Mikroverfilmung und für die Verarbeitung mit elektronischen Systemen.

Fotos: siehe Seite 72
Zeichnungen: Rowan Clifford: S. 66, 67, 69; Chris Forsey: S. 63, 65; Janos Marffy: 38.
Übersetzung: Helmut Roß
Redaktion: Robert Hamacher und René Zey
Herstellung: Königsdorfer Verlagsbüro, Frechen

Die Ratschläge in diesem Buch sind von Autor und Verlag sorgfältig erwogen und geprüft, dennoch kann eine Garantie nicht übernommen werden. Eine Haftung des Autors bzw. des Verlags und seiner Beauftragten für Personen-, Sach- und Vermögensschäden ist ausgeschlossen.

Satz: Königsdorfer Verlagsbüro, Frechen
Gesamtkonzeption: Bassermann'sche Verlagsbuchhandlung, D–65527 Niedernhausen/Ts.

817 2635 4453 6271

NÜTZLICHE TIPS

SEITE 8–14

WAHL DES RICHTIGEN HUNDES

1 ....Warum ein Hund?
2 ....Warum ein Rassehund?
3 ....Kreuzung oder Mischling?
4 ....Felltypen
5 ....Rüde oder Hündin?
6 ....Perfekter Welpe?
7 ....Vor dem Kauf prüfen
8 ....Wo kaufen?
9 ....Kennzeichnung
10 ....Arztbesuch

SEITE 15–20

KONTAKTAUFNAHME

11 ....Welpen tragen
12 ....Einen großen Hund hochheben
13 ....Halsbänder
14 ....Paßform
15 ....Geeignete Leinen
16 ....Kopf- und Brustgeschirre
17 ....Anlegen des Kopfgeschirrs
18 ....Maulkorb richtig anlegen
19 ....Kettenhalsband
20 ....Schlafstätten
21 ....Unterbringung des Welpen

SEITE 21–27

GESUNDE ERNÄHRUNG

22 ....Napfwahl
23 ....Wieviel Wasser?
24 ....Wie oft wieviel füttern?
25 ....Frischkost
26 ....Gemüse für Hunde
27 ....Trockenes Futter
28 ....Halbtrockenes Futter
29 ....Dosenfutter
30 ....Aufbewahrung
31 ....Vitamine und Mineralien
32 ....Knochen oder Knabbereien?
33 ....Leckerchen
34 ....Gewichtskontrolle

SEITE 28–32

LERNEN IM WELPENALTER

35 ....Zeitungen benutzen
36 ....Hundekäfig
37 ....Kleine Mißgeschicke
38 ....Die Außentoilette
39 ....Kot beseitigen
40 ....Gegen das Kauen
41 ....Gegen den Mundraub
42 ....Kein Betteln
43 ....Bellen

SEITE 33–43

TIPS FÜR HUNDEPFLEGE

44 ....Haaren
45 ....Schere & Messer
46 ....Vorbereitung
47 ....Stellungswechsel
48 ....Gesicht säubern
49 ....Zähne und Zahnfleisch
50 ....Den Hund baden
51 ....Krallenpflege
52 ....Richtiger Schnitt
53 .....Pflege des kurzhaarigen Fells
54 ....Pflege des glatthaarigen Fells
55 ..../........Drahthaariges Fell
56 ....Seidiges Fell erhalten
57 ....Knoten ausbürsten

SEITE 44–57

LEINE UND GEHORSAM

58 ....Grundsätzliches
59 ....Kommandos erteilen
60 ....Kommando »Sitz!«
61 ....Probleme mit dem »Sitz!«
62 ....»Bleib!« und »Komm!«
63 ....Kommando »Platz!«
64 ....Der Hund folgt nicht
65 ....Richtig loben
66 ....Kluge Belohnungen
67 ....An der Leine zerren
68 ....An der Leine führen
69 ....Ohne Leine
70 ....Begegnung mit Kindern
71 ....Begegnung mit Artgenossen
72 ....Seltsame Freßgewohnheiten
73 ....Eine starke Hand

SPIEL UND BEWEGUNG

SEITE 58–60

74 .... Kauspielzeuge
75 .... Geeignete Spielzeuge
76 .... Selbstgemachtes
77 .... Bälle und Frisbeescheiben
78 .... Tauziehen
79 .... Täglicher Auslauf
80 .... Jogging für Hunde

IM AUTO UND AUF REISEN

SEITE 61–63

81 .... Die Reisebox
82 .... Sicherheitsgitter
83 .... Sicherheitsgurte
84 .... Im Auto
85 .... Überhitzung vermeiden
86 .... Erste Hilfe
87 .... Sicherheit zu Wasser
88 ...... Wanderungen
89 .... Tollwutgefahr
90 .... Quarantäne

GESUNDHEITSTESTS

SEITE 64–69

91 .... Augen auf
92 .... Flöhe
93 .... Zecken und Milben
94 .... Entwurmung
95 .... Notapotheke
96 .... Bisse
97 .... Insektenstiche
98 .... Tabletten
99 .... Behelfsmaulkorb
100 .... Behelfstrage
101 .... Beim Tierarzt

REGISTER 70
TITELHINWEIS 72

WAHL DES RICHTIGEN HUNDES

1 WARUM EIN HUND?

Hunde sind treue Gefährten. Sie bringen Abwechslung ins Leben, stehen rasch im Mittelpunkt der Familie und bieten einen Anlaß zu regelmäßigen Spaziergängen. Der Besitz eines Hundes bedeutet jedoch langjährige Verantwortung. Haben Sie die Zeit, den Hund täglich auszuführen? Werden Sie seine Ausscheidungen entfernen? Sind Sie sich der langjährigen Kosten, etwa für Futter und Tierarzt, bewußt?

Ausstellungshunde werden an genauen Zuchtstandards gemessen

Golden Retriever sind gelehrige Tiere, benötigen jedoch reichlich Auslauf

Bearded Collies sind freundliche Familienhunde

△ **HAUSGENOSSE**
Ein Familienhund ist ein treuer Gefährte und sehr zutraulich.

◁ **AUSSTELLUNGSHUND**
Möchten Sie mit Ihrem Hund an Wettbewerben teilnehmen? Dann muß der Hund tadellos gepflegt und ausgebildet sein sowie über zahlreiche vollständige Papiere verfügen.

WAHL DES RICHTIGEN HUNDES

Ein Gebrauchshund wie etwa der Labrador Retriever benötigt mehr Bewegung (und Futter!) als ein vergleichbarer Haushund.

Chihuahuas sind verspielte und beherzte Schoßhunde

△ **BEGLEIT- ODER SCHOSSHUND**
Kleine Begleithunde können gerade älteren Menschen viel Trost bieten. Sie benötigen jedoch mehr Auslauf, als man erwarten könnte. Aufgrund der Größe sind die Futterkosten gering.

△ **GEBRAUCHSHUND**
Benötigen Sie einen ausgebildeten Hund, der Sie oder einen Verwandten bei einem körperlichen Gebrechen unterstützt? Gebrauchshunde sind hochintelligente, dienstfertige Tiere, die eine spezielle Ausbildung durchlaufen.

WACHHUND ▷
Hunderassen wie etwa der Rottweiler bieten Schutz und Sicherheit. Sie erfordern aber eine erfahrene Hand und die Einhaltung der gesetzlichen Bestimmungen.

Der kräftige Rottweiler wird wild, wenn man ihn erregt

WAHL DES RICHTIGEN HUNDES

2 WARUM EIN RASSEHUND?

Rassehunde werden, wie Autos auch, mit Papieren geliefert. Außerdem sind umfangreiche Informationen über Körperbau, Ernährung und Wesen verfügbar. Erwerben Sie einen Rassehund von einem Züchter; und lassen Sie sich einen Abstammungs- und Impfnachweis aushändigen.

GEFRAGTES WISSEN
Machen Sie sich kundig, ehe Sie einen Rassehund kaufen.

Kreuzungen haben meist ein freundliches Wesen

3 KREUZUNG ODER MISCHLING?

Nicht jeder kann sich einen Rassehund leisten. Günstiger in der Anschaffung sind die Nachkommen zweier reinrassiger Hunde, die oft die besseren Eigenschaften beider in sich vereinigen. Mischlinge sind noch weiter von der Reinrassigkeit entfernt; der Zufallsfaktor bietet den Vorteil, daß sie mit geringerer Wahrscheinlichkeit Krankheiten und Gebrechen erben als Rassehunde.

△ **KREUZUNG**
Kreuzungen wie dieser Abkömmling von Jack Russell und Border Terrier sind nachweislich weniger anfällig für die Gesundheitsmängel und negativen Wesenseigenschaften ihrer Eltern.

◁ **MISCHLING**
Aufgrund der Verschiedenartigkeit seiner Vorfahren kann es schwierig sein, die Größe eines Mischlingswelpen vorherzusehen.

WAHL DES RICHTIGEN HUNDES

4 FELLTYPEN

Bei manchen Hunderassen braucht das Fell tägliche Pflege, bei anderen können Baden oder starkes Haaren eine größere Belastung darstellen. Dies ist wichtig bei der Entscheidung für einen Hund.

◁ **LANG UND SEIDIG**
Hunde mit langem Fell, wie der Afghane, müssen täglich gekämmt und regelmäßig nachgeschnitten werden.

△ **GLATT**
Hunde mit glattem, kurzem Fell wie der Dobermann müssen nur einmal wöchentlich gebürstet werden.

◁ **GEKRÄUSELT**
Hunde mit gekräuseltem Dauerfell wie dieser Kerry Blue Terrier werden alle zwei Monate geschoren.

△ **DRAHTHAARIG**
Das steife Fell des Airedale Terriers muß regelmäßig von Hand getrimmt werden.

5 RÜDE ODER HÜNDIN?

Für die Entscheidung zwischen Rüde oder Hündin ist wichtig:
• Junge, unkastrierte Rüden können sexuell oft überdreht sein.
• Hündinnen werden zweimal pro Jahr läufig. Das bedeutet in der Regel unerwünschte Trächtigkeit und aufdringliche Rüden.

6 Perfekter Welpe?

Denken Sie daran, daß Hunde bis zu 14 Jahre lang leben können. Wählen Sie einen mehr als acht Wochen alten Welpen.

△ **Luftige Prüfung**
Ein gesunder Welpe läßt sich gern hochheben und sollte sich fest und schwerer anfühlen als erwartet. Eine entspannte Haltung kann auf einen unbekümmerten Grundcharakter hinweisen.

1 Richten Sie die Ohrmuschel auf: Prüfen Sie, ob das Ohr innen rosa ist und kein unangenehmer Geruch und krustiger oder wachsartiger Ausfluß vorhanden ist. Die Ohren dürfen nicht einseitig deformiert sein. Leichtes Schütteln von Kopf und Ohren (nach dem Aufwachen) ist normal.

3 Zur Prüfung von Zähnen und Zahnfleisch die Lefzen sanft zurückschieben. Zunge und Zahnfleisch müssen rosa (oder schwarz pigmentiert) und geruchlos sein. Bei den meisten Rassen (mit Ausnahme des Boxers) müssen die Zähne in Form eines Scherengebisses aufeinanderstehen.

WAHL DES RICHTIGEN HUNDES

DAS WELPENFELL SOLLTE GLÄNZEN

2 Die Augen müssen klar, hell und frei von Ausfluß sein (auf Körnchen auf dem Fell achten). Die gut pigmentierten Augen dürfen keine Zeichen von Blinzeln oder Entzündung zeigen. Mit einem Welpen, der sich mit den Pfoten über die Augen fährt, ist etwas nicht in Ordnung.

4 Die Haut darf nicht ölig oder schuppig sein. Achten Sie auf etwaige wunde Stellen oder Schwellungen. Die Haare müssen sich fest anfühlen und dürfen beim Streicheln nicht ausfallen. Fahren Sie mit der Hand gegen den Strich, und achten Sie dabei auf Hautdefekte oder Parasiten.

5 Entzündungen der Afterregion, Anzeichen für Durchfall, trockene Kotreste oder genitaler Ausfluß dürfen nicht vorliegen. Läßt der Welpe sein Hinterteil über den Boden schleifen oder leckt ständig daran, kann dies auf eine Reizung infolge verstopfter Analdrüsen hindeuten.

WAHL DES RICHTIGEN HUNDES

7 VOR DEM KAUF PRÜFEN

Falls Sie sich für einen mehr als sechs Monate alten Hund entscheiden, sollten Sie nicht nur nach dem Äußeren gehen. Testen Sie zunächst sein Temperament. Prüfen Sie, ob er bereit ist, zu gehorchen und auf Kommandos zu reagieren, und ob er nicht nervös ist und nicht bei jeder Gelegenheit bellt.

KENNT DER HUND DAS KOMMANDO »SITZ«?
Bringen Sie Ihren Hund in eine sitzende Position, und achten Sie darauf, wie er auf Ihre Stimme und Anwesenheit reagiert.

8 WO KAUFEN?

Fragen Sie zunächst Ihren Tierarzt. Ein Hund aus dem Tierheim benötigt Zeit zum Eingewöhnen. Schauen Sie in die Tageszeitung.

9 KENNZEICHNUNG

In vielen Ländern sind das Tragen von Steuermarke und Halteradresse gesetzlich vorgeschrieben.

Datenrolle

HÜLSE
Die Hülse enthält Angaben über Hund und Halter.

MESSINGPLAKETTE
Praktische, dauerhafte Lösung.

10 ARZTBESUCH

Prüfen Sie, ob die Praxis Ihres Tierarztes Ihnen behagt, um Impfungen, Ernährung, Entwurmung und Routinekontrollen zu besprechen.

JÄHRLICHE KONTROLLE

KONTAKTAUFNAHME

11 WELPEN TRAGEN

Gewöhnen Sie Ihren Welpen oder kleinen Hund daran, hochgehoben und getragen zu werden. Einen älteren Kleinhund sollten Sie zunächst beruhigen, bevor Sie ihn hochheben. Halten Sie das Tier gerade fest genug, damit es sich nicht herauswinden kann.

WELPEN ODER KLEINHUNDE HALTEN
Mit einer Hand von vorn unter die Brust fahren, die andere Hand fest um Hinterläufe und Gesäß legen und den Hund in dieser Stellung hochheben.

FÜR WELPEN BEQUEME HALTUNG

12 EINEN GROSSEN HUND HOCHHEBEN

Beschwichtigen Sie Ihren Hund vor dem Hochheben zuvor mit einigen sanften Worten. Legen Sie ihm im Zweifelsfall einen Maulkorb an. Mit beiden Händen Brust und Hinterteil umgreifen und den Hund vorsichtig anheben.

1 In die Hocke gehen, den Hund zur Brust ziehen und den Rücken strecken.

2 Mit geradem Rücken aufrichten; loslassen, falls der Hund Panik zeigt.

KONTAKTAUFNAHME

13 HALSBÄNDER

Halsbänder können aus Leder, Seil oder zugfestem, elastischem Nylongewebe bestehen. Welpen sollten ab der achten Woche, zunächst unter Aufsicht, ein Halsband tragen.

△ LANGES, VERSTELLBARES HALSBAND

▽ HALBKETTE

△ MITTELLANG, VERSTELLBAR

△ KURZES HALSBAND

△ SCHMALES NYLONHALSBAND MIT LEDERSCHNALLEN

△ KETTENHALSBAND

▷ REFLEKTIERENDES HALSBAND

▷ NYLON-LEDER-HALSBAND

14 PASSFORM

Legen Sie dem Welpen täglich kurz ein Halsband an, um ihn allmählich an das Tragen zu gewöhnen. Achten Sie darauf, das Halsband mit zunehmender Größe des Hundes zu wechseln.

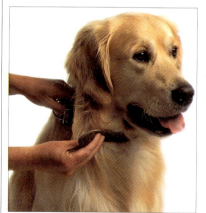

1 △ Achten Sie auf einen guten Sitz des Halsbands. Es sollten keine Haare eingeklemmt werden.

2 ▷ Ein gut passendes Halsband muß für zwei Finger Platz lassen, damit es nicht von allein abgeht, jedoch bei Bedarf bequem abgestreift werden kann.

KONTAKTAUFNAHME

15 GEEIGNETE LEINEN

Verwenden Sie bei einem Welpen eine lange Trainingsleine für die Ausbildung im Freien und eine lange, leichte Hausleine mit Karabiner. Kaufen Sie eine Kurzleine für die ersten Spaziergänge und Ausbildungsphasen.

◁ TEXTILLEINE 2 M

△ AUSFAHRLEINE

◁ LANGLEINE AUS NYLON

◁ TEXTILLEINE 6 M

△ NORMALE LEDERLEINE

16 KOPF- UND BRUSTGESCHIRRE

Ein Kopfgeschirr ist ideal für vorwitzige oder zum Anknabbern neigende Hunde. Es wird unterhalb des Kiefers per Ring mit der Leine verbunden. Falls der Hund an der Leine zerrt, wird sein Kopf durch diese Kraft nach unten gedrückt, und die Kiefer schließen sich. Für Kleinhunde eignet sich ein Brustgeschirr. Die Leine wird oberhalb des Rückens angebracht, die Zugkraft so verteilt und der Hals entlastet.

△ KOPFGESCHIRR

△ ADAPTER

◁ VERSTELLBARES KOPFGESCHIRR

△ QUERLIEGENDES KOPFGESCHIRR

BRUSTGESCHIRR FÜR KURZSCHNAUZIGE HUNDE

17 ANLEGEN DES KOPFGESCHIRRS

Kopfgeschirre empfehlen sich für große Hunde, die sich im Freien schlecht kontrollieren lassen.

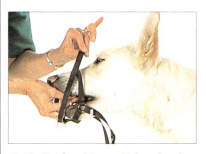

1 Ein Kopfgeschirr aus Nylon über die Schnauze streifen; mit der Hand unter dem Kiefer den Kopf oben halten.

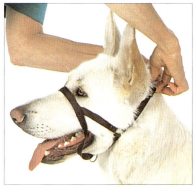

2 Das Kopfgeschirr am Nacken verschließen. Nicht zu stramm ziehen: Zwei Finger müssen dazwischenpassen.

18 MAULKORB RICHTIG ANLEGEN

Einen Maulkorb benutzen, wenn Vorschriften oder bestimmte Situationen das erfordern.

1 Knien Sie sich neben den Hund, und streifen Sie ihm den Maulkorb über. Riemen straffziehen und verschließen.

2 Achten Sie auf einen festen Sitz des Maulkorbs. Der Hund muß das Maul aber noch zum Hecheln öffnen können.

19 KETTENHALSBAND

Kettenhalsband oder Halbkette empfehlen sich für Spaziergänge mit lebhaften, leicht reizbaren Hunden in Gegenwart von Kindern.

1. Das offengehaltene Kettenhalsband dem Hund vorsichtig überstülpen, so daß es Hals und Nacken umschließt.

Der Hund reagiert auf das Halsband

HALBKETTE
Der Leinenzug überträgt sich auf das Halsband und leistet Kontrolle.

2. Korrekt angelegt, verengt sich die Kette nur unter Zugbelastung. Führen Sie den Hund an Ihrer linken Seite.

FALSCHE METHODE
Eine verkehrt herum angelegte Kette ist unbehaglich und kann sich nicht lockern.

20 SCHLAFSTÄTTEN

Stellen Sie das Hundelager an einem belebten Ort auf. Ein mit Polystyrolkugeln gefülltes Kissen ergibt ein leichtes, weiches Bett, das die Körperwärme erhält und leicht zu reinigen ist. Ein kaufestes Plastikkörbchen mit waschbarer Matratze ist widerstandsfähiger und leichter zu reinigen als ein Weidenkörbchen.

EINE SICHERE AUSSICHTSPLATTFORM

21 UNTERBRINGUNG DES WELPEN

Für einen noch nicht erzogenen Hund lohnt sich die Anschaffung eines laufstallartigen Käfigs. Sie brauchen saugfähiges Papier, frisches Wasser und ein Kauspielzeug, ein Körbchen oder ein Kissen.

Stets frisches Wasser anbieten

Ungehinderte Sicht auf Familienleben

Boden mit Zeitungen auslegen

Spielzeuge regen an

GESUNDE ERNÄHRUNG

22 NAPFWAHL

Jeder Hund benötigt einen eigenen Futternapf; er sollte aus Edelstahl mit rutschfester Bodengummierung bestehen. Eine schwere Keramikschale kann zwar nicht so leicht umgestoßen werden, muß jedoch wegen möglicher Bakterien bei Rissen ersetzt werden.

Keramiknapf

Welpennapf

Napf aus Edelstahl

23 WIEVIEL WASSER?

Bieten Sie Ihrem Hund täglich ausreichend Wasser in stets gleicher Menge. Mit dem Kot, Harn und durch Hecheln verliert er viel Wasser. Bekommt Ihr Hund für mehr als 48 Stunden kein Wasser, können durch Austrocknung nicht behebbare Schäden entstehen.

Schale sauberhalten und täglich nachfüllen

GESUNDE ERNÄHRUNG

24 WIE OFT WIEVIEL FÜTTERN?

Den Tagesbedarf eines ausgewachsenen Hundes können Sie mit einer Mahlzeit oder zwei kleineren Portionen decken.

• Kleine Hunde haben kleine Mägen und vertragen keine großen Mahlzeiten. Füttern Sie einen kleinen Hund zweimal täglich.

• Ein Welpe benötigt wenigstens drei Mahlzeiten täglich (zwei ab dem sechsten Lebensmonat). Zwischen dem sechsten und neunten Monat können Sie ihn an normales Hundefutter gewöhnen.

• Ein kranker Hund benötigt täglich drei kleinere Mahlzeiten. Reichen Sie ihm auf einer Untertasse etwas Fleischbrühe, falls er keine feste Nahrung zu sich nehmen will.

• Trächtige Hündinnen benötigen bis zu 50 % mehr Futter. Erkundigen Sie sich beim Tierarzt genauer.

• Das Basisfutter sollte das für Wachstum und Zellfunktion wichtige Eiweiß enthalten.

• Essentielle Fettsäuren verleihen dem Fell einen seidigen Glanz.

• Kohlenhydrate fördern die Verdauung und Gewichtszunahme.

• Ältere Hunde (ab 12. Lebensjahr) weniger, aber öfter füttern.

• Das Futter sollte stets Zimmertemperatur haben.

• Nie abgestandenes oder verdorbenes Futter servieren.

• Dem Hund niemals Katzenfutter anbieten: Es ist zu eiweißreich.

• Geflügel sollte keine feinen Knochen enthalten (Erstickungsgefahr).

• Dosen- oder Feuchtfutter nach 10 bis 15 Minuten entfernen.

• Der Tierarzt hilft, falls Ihr Hund für mehr als 24 Stunden das Futter verweigern sollte.

Tägliche Standardfuttermengen für ausgewachsene Hunde				
Gewicht/Rasse	Kalorienbedarf	Dosenfutter gesamt/p. Mahlz.	Halbtrockenfutter	Trockenfutter
Sehr gering: 5 kg Yorkshire Terrier	210 kcal	105 g 35 g	70 g	60 g
Gering: 10 kg Cairn Terrier	590 kcal	300 g 100 g	190 g	170 g
Mittelschwer: 20 kg Springer Spaniel	900 kcal	450 g 150 g	300 g	260 g
Schwer: 40 kg Deut. Schäferhund	1680 kcal	850 g 280 g	545 gz	480 g
Sehr schwer: 80 kg Deutsche Dogge	2800 kcal	1,4 kg 460 g	900 g	900 g

Gesunde Ernährung

25 Frischkost

Fleisch enthält die meisten, aber nicht alle vom Hund täglich benötigten Nährstoffe. Wie der Mensch kann auch der Hund nicht ausschließlich von Fleisch leben. Falls Sie frischer Kost gegenüber Fertigfutter den Vorzug geben, sollte das Fleisch die richtigen Mengen an Getreide, Gemüse, Nudeln und Reis enthalten, um eine ausreichende Versorgung mit Eiweiß, Kohlenhydraten, Fett, Vitaminen und Mineralien sicherzustellen. Eine dauerhaft ausgewogene Ernährung kann schwierig sein.

FLEISCH UND GEMÜSE
Dieses Gericht deckt den Nährstoffbedarf ideal ab.

FETTREICHES HACKFLEISCH
Wichtige Kalorienquelle mit hohem Fettgehalt.

CALCIUMARME LEBER
Reich an Vitamin A, B_1 und Phosphor; wenig Calcium.

KALORIENREICHES HERZ
Hoher Fettanteil; doppelt so viele Kalorien wie Niere.

KALORIENARMES HUHN
Kalorienärmer als andere Fleischsorten.

LEICHT VERDAULICH: RÜHREI
Fleischlose Kost für Welpen und genesende Hunde.

ENERGIEREICHE NUDELN
Reich an Kohlenhydraten (eventuell leicht würzen).

26 Gemüse für Hunde

Rohes Gemüse (und teilweise auch Obst) ist eine gute Vitaminquelle. Hunde sind nicht ausschließlich Fleischfresser und können pflanzliches Eiweiß und Fett in lebenswichtige Nährstoffe umwandeln. Zu einer ausgewogenen Ernährung gehört daher auch frischgekochtes Gemüse (z.B. Möhren, Kohl und Kartoffeln). Falls Sie Ihren Hund auf eine vegetarische Diät setzen möchten, fragen Sie Ihren Tierarzt.

VITAMINREICHES MISCHGEMÜSE

ZUM EINWEICHEN

27 Trockenes Futter

Ein Gramm dieser nahezu geruchlosen Fleisch- und Fischpellets hat fast viermal so viele Kalorien wie ein Gramm Dosenfutter. Reichen Sie es daher in kleineren Mengen. Diese Vollnahrung muß bisweilen in Wasser eingeweicht werden.

FÜR ÄLTERE HUNDE   KALORIENARM   ENERGIEREICH   TROCKENFUTTER

28 Halbtrockenes Futter

Halbtrockenes, vollwertiges Futter ist mehr als dreimal so kalorienreich wie Dosenfutter und ist ein ausgezeichnetes Fertiggericht. Es ermöglicht eine vollständige, ökonomische Ernährung und kann mit Getreideprodukten gemischt werden. Aufgrund seines hohen Gehalts an Kohlenhydraten eignet es sich für Gebrauchshunde, nicht aber für diabetische Hunde.

HALBTROCKENES FUTTER

29 DOSENFUTTER

Dosenfleisch gibt es für jeden Bedarf. Das beliebte Dosenfleisch in Aspik reichen Sie dem Hund am besten mit der gleichen Menge an Getreide oder knusprigem Trockenfutter, um ausreichend mit Kalorien, Kohlenhydraten und Fett zu versorgen. Manches Dosenfutter ist speziell für wählerische Hunde geeignet und enthält – auch ohne Trockenfutter – genügend Nährstoffe.

FLEISCHMISCHUNG IN ASPIK

30 AUFBEWAHRUNG

Verschließen Sie angebrochene Dosen mit einem Plastikdeckel, und bewahren Sie sie höchstens drei Tage im Kühlschrank auf. Spülen Sie Näpfe, Serviergabel und Deckel nicht zusammen mit Ihrem Haushaltsgeschirr.

PASSGERECHTE PLASTIKDECKEL

31 VITAMINE UND MINERALIEN

Alle benötigten Vitamine und Mineralien sollte Ihr Hund entweder aus frischem Fleisch, Getreide und Gemüse oder aus dem gewählten Fertigfutter beziehen. Bisweilen braucht der Hund mehr Nährstoffe, um Knochenwachstum, Verdauung, Zellerneuerung, Wasserhaushalt und weitere Körperfunktionen sicherzustellen, also etwa Trächtigkeit, Wachstum und Genesung von einer Krankheit oder Verletzung. Erkundigen Sie sich bei Ihrem Tierarzt nach den erforderlichen Ergänzungen.

CALCIUM
Wichtig für Welpen sowie trächtige oder stillende Hündinnen.

VITAMINTABLETTEN
Nur auf tierärztlichen Rat geben.

KNOCHENMEHL
Sterilisiertes Knochenmehl erhöht die Calciumzufuhr.

GESUNDE ERNÄHRUNG

32 KNOCHEN ODER KNABBEREIEN?

Kauknochen unterstützen die Versorgung mit lebenswichtigem Calcium. Eine ausgewogene Ernährung liefert dem Hund bereits genügend Calcium. Das Kauen an den Knochen massiert das Zahnfleisch und kräftigt die Kiefermuskulatur. Rindshachse oder Röhrenknochen eignen sich am besten, da sie weniger leicht splittern oder im Rachen steckenbleiben. Knabbereien sind eine gute, bequemere und kalorienärmere Alternative.

KALORIENARMER KAUKNOCHEN

GEPRESSTER KAUKNOCHEN

WÜRSTCHEN – EINMAL ANDERS

Knochen massieren das Zahnfleisch und kräftigen die Kiefermuskulatur

KAU-RIEGEL

HAMBURGER

BREZEL

KNABBERSCHUH

GESUNDE ERNÄHRUNG

33 LECKERCHEN

Leckereien sind ein schmackhafter Imbiß und eine verdiente Belohnung mit einem hohen Gehalt an Kohlenhydraten und Fett. Berücksichtigen Sie diesen Kalorienreichtum bei der täglichen Kalorienzufuhr.

HUNDEKUCHEN

MIT KÄSEAROMA

VOLLKORNPLÄTZCHEN

MINI-MARKKNOCHEN

GESCHMACKSMISCHUNG

MIT SCHINKENGESCHMACK

HÜHNERRIEGEL

RINDERKNOCHEN

RINDFLEISCHPLÄTZCHEN

FLEISCHRINGE

34 GEWICHTSKONTROLLE

Falls Ihr Hund weniger rege ist als sonst und Sie seine Rippen nicht ertasten können, füttern Sie möglicherweise zuviel oder falsch.
• Setzen Sie Ihren Hund auf eine Diät (60 % der üblichen Kalorien).
• Reduzieren Sie das Trockenfutter bei einer Mischkost aus Fleisch und Trockenfutter.
• Bewegen Sie den Hund täglich mehr, und variieren Sie die Ernährung zeitweise.
• Geben Sie Betteleien nicht nach; es wird sonst leicht zur Obsession. Nachgeben verstärkt dieses Verhalten bloß und führt zu Fettleibigkeit.
• Fragen Sie Ihren Tierarzt nach einer kalorienarmen Spezialdiät.

Lernen im Welpenalter

35 Zeitungen benutzen

Behandeln Sie einen neu aufgenommenen, älteren Hund wie einen Welpen. Welpen erleichtern sich nach dem Fressen, Trinken, Aufwachen oder Spielen. Lehren Sie Ihren Hund den Gebrauch von Zeitungen, bevor Sie mit ihm Gassi gehen.

1 ▷ Schnüffeln am Boden ist ein sicheres (und oft das einzige) Zeichen dafür, daß Ihr Hund sich erleichtern möchte. Halten Sie ausreichend Zeitungspapier bereit.

Schnüffelt nach einem passenden Ort

2 Rasch den Hund hochheben und auf eine saugfähige Zeitung stellen. Bleiben Sie in der Nähe, um den Hund eventuell zu ermuntern.

3 Präsentieren Sie dem Welpen auf einem benetzten Papier seinen Eigengeruch, und veranlassen Sie ihn, die gleiche Stelle nochmals aufzusuchen.

LERNEN IM WELPENALTER

36 HUNDEKÄFIG

Ein Hund, der bereits im Welpenalter an einen Hundekäfig gewöhnt wurde, wird sich in ihm sicher fühlen. Der Käfig ist ideal zur Erziehlung von Stubenreinheit, da Hunde ihren Schlafbereich nicht verunreinigen.
- Sorgen Sie für eine weiche Unterlage, einen Napf mit frischem Wasser und ein Kauspielzeug.
- Achten Sie regelmäßig darauf, ob der Hund sich erleichtern möchte.
- Lassen Sie den Hund tagsüber nie länger als zwei bis drei Stunden hintereinander in dem Käfig.
- Plazieren Sie eine Zeitung in Sichtweite, damit der Welpe sie als seinen Toilettenbereich erkennt.

EIN HORT DER SICHERHEIT

37 KLEINE MISSGESCHICKE

Ihrem neuen Hund oder Welpen wird anfänglich manches Mißgeschick unterlaufen. Bestrafen Sie ihn nicht dafür, denn dies macht ihn nur noch nervöser. Auch sollten Sie den Käfig nicht zur Disziplinierung verwenden, denn er ist ein Heim und kein Gefängnis. Beseitigen Sie Verschmutzungen mit einem geruchsbindenden Desinfektionsmittel. Handeln Sie rasch, denn abgesehen vom Geruch besteht Gesundheitsgefahr für den Hund. Verwenden Sie keine salmiakhaltigen Reinigungsmittel, da deren Geruch den Hund an seinen eigenen Urin erinnern könnte.

Anschließend Hände waschen

Keimabtötendes Mittel

Gummihandschuhe tragen

38 Die Aussentoilette

Gewöhnen Sie den Welpen rasch daran, sich im Freien zu erleichtern. Beginnen Sie mit Ihrem Garten, und suchen Sie danach mit Eimer und Schaufel eine geeignete öffentliche Umgebung auf.

1 ▷ Wenn der Hund an der Tür steht, zeigt er Ihnen, daß er sich draußen erleichtern möchte.

2 Bringen Sie Ihrem Hund bei, sich eine entlegene Stelle zum Urinieren zu erschnüffeln.

3 Kommandieren Sie »Los, los!«, und loben Sie ihn danach. Bald wird er sich auf diesen Befehl hin erleichtern.

39 Kot beseitigen

Führen Sie auf Spaziergängen mit dem Hund stets eine Schaufel und einen biologisch abbaubaren Beutel mit sich, und lassen Sie den Hund angeleint, bis er sich an einer passenden Stelle erleichtert. Lassen Sie den Hund später von der Leine, damit er lernt, was von ihm erwartet wird, bevor er herumtollen darf. Deponieren Sie seine Hinterlassenschaften am Straßenrand oder in einem Abfallkübel.

SPEZIELLE HUNDESCHAUFEL

LERNEN IM WELPENALTER

40 GEGEN DAS KAUEN

Welpen knabbern an allen möglichen Gegenständen, und auch ältere Hunde kauen gern, etwa an Schuhen. Beschränken Sie das Kauen auf ein bis zwei Gegenstände, damit das Tier lernt, nur das zu nehmen, was Sie ihm geben.

Sprühen Sie die Objekte der Begierde mit einer bitteren, ungiftigen Substanz ein

SCHUHE ZERKAUEN
Verhindern Sie diese Gewohnheit; verbieten Sie das Kauen selbst an alten Schuhen.

41 GEGEN DEN MUNDRAUB

Hunde suchen instinktiv nach Futter und mögen Speisen, die wir für verdorben halten. Gewöhnen Sie Ihren Hund daran, nur aus dem Napf zu fressen.

- Benutzen Sie ein strenges »Fort!«.
- Verschließen Sie den Abfalleimer.
- Machen Sie den Abfalleimer mit Hilfe eines bitteren Sprays für den Hund uninteressant.

EIMER IMMER VERSCHLIESSEN

LERNEN IM WELPENALTER

Verweigern Sie bewußt jegliche Tischhäppchen

42 KEIN BETTELN

Ihr Hund sollte nur aus seinem weit von Ihrem Eßtisch aufgestellten Napf fressen. Befehlen Sie ihm »Sitz!«, stellen Sie den Napf auf den Boden, und sagen Sie dann »Okay«.

BEHARRLICHKEIT
Körpersprache unterstützt das Kommando »Sitz!«.

Auffälliger kann ein Hund nicht betteln

ZUM HEULEN
Heulen bedeutet Langeweile oder Einsamkeit.

43 BELLEN

Ein Hund bellt, um seinen Besitzer aufmerksam zu machen und ihn zu beschützen. Dies braucht Kontrolle. Ein lautes »Ruhig!« kann den Hund noch mehr erregen. Erfolg bietet dagegen ein unangenehm schmeckendes Spray, das in das Maul gesprüht wird. Später sollten Sie das Kommando »Sprich!« erteilen, sobald der Hund zu bellen beginnt, gefolgt von »Ruhig!« oder »Nein!«. Nur so lernt Ihr Hund Kontrolle.

TIPS FÜR DIE HUNDEPFLEGE

44 HAAREN
Hunde mit glattem, kurzem Fell müssen regelmäßig gebürstet werden. Gekräuselte und drahthaarige Felle haaren weniger; das Fell muß aber ständig gekürzt werden.

45 SCHERE & MESSER
Schnellwachsende Felle müssen geschnitten oder getrimmt werden. Schwere und dichte Felle werden ausgedünnt. Gewöhnen Sie Ihren Hund früh daran.

46 VORBEREITUNG
Stellen Sie den Hund in einer bequemen Arbeitshöhe auf eine rutschfeste Matte. Legen Sie Schere, Bürsten und Kämme bereit. Plazieren Sie eine Hand unter dem Bauch des Hundes und den Daumen der anderen Hand unter dem Halsband.

Handteller weist nach unten

Rutschfeste Matte

Pflegeutensilien bereithalten

Der Hund akzeptiert Ihre Hände

47 STELLUNGSWECHSEL
Drehen Sie den Hund um, falls Sie die abgewandte Körperseite nicht bequem erreichen können. Plazieren Sie die flache Hand mit kaum abgespreizten Fingern auf dem hinteren Oberschenkel, und drehen Sie den Hund herum.

48 Gesicht säubern

Inspizieren Sie einmal wöchentlich Ohren, Augen und Zähne des Hundes. Rassen mit ausgeprägten Hautfalten wie dieser Shar-Pei bedürfen besonderer Aufmerksamkeit. Eine tägliche oder wöchentliche Pflege erhält Gesicht, Haut, Fell und Krallen gesund; zudem können Sie Ihren Führungsanspruch untermauern. Schwierigen Hunden zunächst die Kommandos »Sitz!« und »Bleib!« erteilen. Jede Sitzung mit lobenden Worten abschließen.

WATTETUPFER

1 Den Kopf mit einer Hand festhalten und die Augenregion mit einem frischen, angefeuchteten Wattetupfer von schleimigen Absonderungen befreien.

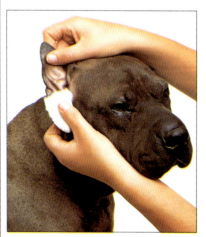

2 Mit einer Hand das Ohr auffalten und das Innere der Ohrmuschel mit einem neuen feuchten Wattetupfer vorsichtig säubern.

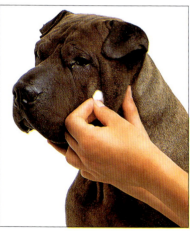

3 In den Gesichtsfalten mancher Hunderassen sammeln sich Schmutz, Futterreste und abgestorbene Haut. Reinigen Sie diese Falten regelmäßig.

TIPS FÜR DIE HUNDEPFLEGE

49 ZÄHNE UND ZAHNFLEISCH

Lassen Sie das Gebiß Ihres Hundes einmal jährlich vom Tierarzt inspizieren. Untersuchen Sie einmal wöchentlich Zähne und Zahnfleisch auf Anzeichen für eventuelle Infektionen. Mehr als 75 % aller ausgewachsenen Hunde bedürfen einer Zahnbehandlung. Erstes Warnsignal ist oft schlechter Atem, verursacht durch Bakterien, die sich dank der zwischen den Zähnen verbliebenen Speisereste vermehren. Bei Nachlässigkeit müssen womöglich einzelne Zähne gezogen werden. Lassen Sie sich zur Vorbeugung von Ihrem Tierarzt ein spezielles Zahngel empfehlen, das Sie etwa einmal wöchentlich verwenden.

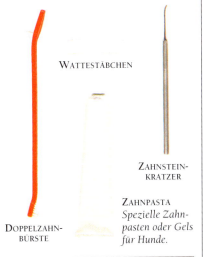

WATTESTÄBCHEN

ZAHNSTEIN-KRATZER

ZAHNPASTA
Spezielle Zahnpasten oder Gels für Hunde.

DOPPELZAHN-BÜRSTE

1 Achten Sie auf Zahnbelag und Zahnstein. Beides wird durch Bakterien verursacht und führt zu schlechtem Atem und Zahnfleischentzündung.

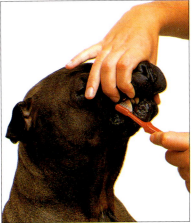

2 Säubern Sie das Gebiß Ihres Hundes vorsichtig mit einer weichen Zahnbürste. Tragen Sie eine Hundezahnpasta, Gel oder verdünntes Salzwasser auf.

Tips für die Hundepflege

50 Den Hund baden

Ein Bad kann erforderlich werden, um den Hund von Hautparasiten zu befreien, ein Hautleiden zu lindern oder weil er sich im Dreck gewälzt hat. Verwenden Sie ein tierärztlich empfohlenes Spezialshampoo. Gut abspülen, da Schaumreste die Haut reizen.

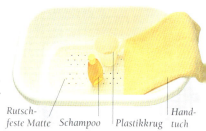

Rutschfeste Matte | Schampoo | Plastikkrug | Handtuch

1 Lassen Sie das Halsband beim Baden angelegt, um den Hund besser festhalten zu können. Legen Sie die Wanne mit einer rutschfesten Matte aus. Verschließen Sie die Ohren mit Wattetupfern. Gießen Sie warmes Wasser über das Fell.

2 Den Hund weiterhin gut festhalten und seinen Körper gründlich mit einem speziellen Hundeschampoo einseifen. Die Haut gegen den Fellstrich massieren. Arbeiten Sie das Schampoo gut in das Fell ein, um Schmutz herauszulösen.

3 Anschließend mit beiden Händen den Kopf des Hundes einseifen und leicht massieren. Das Halsband müssen Sie nun nicht mehr festhalten. Achten Sie unter allen Umständen darauf, daß kein Schaum in Augen, Nase und Maul gelangt.

TIPS FÜR DIE HUNDEPFLEGE

4 Zunächst nur den Kopf gründlich abspülen und trocknen. Da Hunde sich am ehesten schütteln, wenn ihr Kopf naß wird, werden Sie dann nicht naß. Gehen Sie behutsam mit Augen und Ohren um, und loben sie den Hund.

5 Nun den Körper des Hundes mit frischem, warmem Wasser gründlich abspülen, bis alles Shampoo entfernt ist. Überschüssiges Wasser sanft ausmassieren.

6 Nachdem Sie den Hund von überschüssigem Wasser befreit haben, trocknen Sie sein Fell gut ab, und heben Sie ihn, möglichst gut eingewickelt, aus der Wanne. Entfernen Sie die Ohrstöpsel, und tupfen Sie die Ohren trocken. Die Halsbandregion nicht vergessen.

7 Trocknen Sie das Fell gründlich mit einem Handtuch oder einem Fön, falls Ihr Hund eine gesunde Haut hat (bei Juckreiz keinen Fön verwenden!). Wählen Sie die geringste Wärmestufe, und sagen Sie einige beruhigende Worte, falls Ihr Hund das laute Geräusch nicht mag.

TIPS FÜR DIE HUNDEPFLEGE

51 KRALLENPFLEGE

Die Krallen schneidet man am besten nach dem Baden, da sie dann weicher sind. Verletzen Sie auf keinen Fall den rosafarbenen Bereich.

KRALLENSCHERE

1 △ Untersuchen Sie die Zehenzwischenräume gründlich nach eventuellen Schmutzresten, und säubern Sie die Vertiefungen mit etwas feuchter Watte.

2 ◁ Verwenden Sie zum Krallenschneiden eine spezielle Kappschere, und glätten Sie scharfe Kanten mit einer Nagel- oder Sandblattfeile.

52 RICHTIGER SCHNITT

In dem rosafarbenen Bereich im Inneren der Kralle, dem »Leben«, verlaufen Blutgefäße und Nerven. Er darf beim Krallenschneiden keinesfalls verletzt werden. Schneiden Sie nur wenige Millimeter in schräger Linie ab.

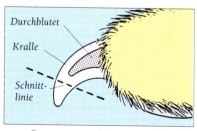

ROSAFARBENEN BEREICH MEIDEN

TIPS FÜR DIE HUNDEPFLEGE

53 PFLEGE DES KURZHAARIGEN FELLS

Hunde mit kurzem Fell benötigen relativ wenig Pflege; manche jedoch können stark haaren und müssen womöglich täglich gebürstet werden.

BÜRSTE KARDÄTSCHE KAMM

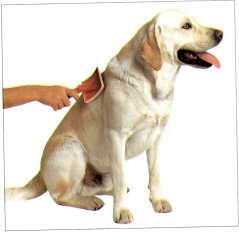

1 Eine Kardätsche dient dazu, Knoten auszubürsten und den bei kurzem, dichtem Fell eintretenden Verfilzungen vorzubeugen. Mit kräftigen, langen Strichen das Fell ausbürsten.

2 Mit einer Haarbürste die abgestorbenen Haare und Schmutzreste entfernen. Bauch, Rute und Läufe nicht vergessen.

3 Mit einem feinen Kamm die üppige Behaarung von Rute und Hinterläufen durchkämmen. Störende Haare mit einer Schere entfernen. Auf Parasiten und Wundstellen achten.

54 PFLEGE DES GLATTHAARIGEN FELLS

Hunde mit glattem Fell erfordern den geringsten Pflegeaufwand. Es genügt, die Tiere ein- bis zweimal wöchentlich zu bürsten. Das Haar mit Pflegemitteln weicher machen!

GUMMIBÜRSTE   WILDLEDER   HAARBÜRSTE

1 Lösen Sie abgestorbene Haare und oberflächlichen Schmutz zunächst mit einer Gummibürste, indem Sie gegen den Strich bürsten.

2 Anschließend entfernen Sie abgestorbene Haare und Hautpartikel mit einer Haarbürste. Bearbeiten Sie so das gesamte Fell.

3 Flottes Polieren mit einem Wildlederpolster gibt dem Fell natürlichen Glanz. Manche Fellpflegemittel erzeugen ebenfalls einen seidigen Effekt.

55 DRAHTHAARIGES FELL

Hunde mit drahthaarigem Fell müssen alle drei bis vier Monate getrimmt werden. Zupfen Sie abgestorbene Haare in Wuchsrichtung mit Daumen und Trimmesser heraus.

ÜBLICHES TRIMMESSER

MIT DAUMEN UND MESSER HERAUSZUPFEN

TIPS FÜR DIE HUNDEPFLEGE

56 SEIDIGES FELL ERHALTEN

Langes Fell verlangt mehr Pflege. Hunde mit seidigem Fell besitzen keine Unterwolle und müssen besonders vorsichtig gebürstet werden, um Hautverletzungen zu vermeiden.

KARDÄTSCHE △ KAMM SCHERE BÜRSTE

1 Verwenden Sie eine für die Beseitigung von Fellknoten vorgesehene Bürste (Kardätsche), und beschädigen Sie das Fell nicht durch zu starkes Ziehen.

2 Unterstreichen Sie den Glanz des Fells, indem Sie es mit einer Haarbürste bearbeiten. Die Bürste kann ohne größeren Widerstand durchs Fell fahren.

3 Kämmen Sie das lange Rückenhaar zunächst auf der einen und dann auf der anderen Seite herunter. Hervorstehende Haarspitzen können Sie mit einer Schere abschneiden.

4 Mit einer Schere die Behaarung der Pfoten und der Ohren zurechtschneiden. Das Kopfhaar mit einer Schleife zurückbinden.

Ordentliches, glänzendes Fell

TIPS FÜR DIE HUNDEPFLEGE

57 KNOTEN AUSBÜRSTEN

Hunde mit langem Fell wie etwa Rough Collies und Shetland Sheepdogs besitzen eine dichte, schützende Unterwolle. Falls Sie das lange Fell Ihres Hundes nicht regelmäßig mit einer Kardätsche und einer Haarbürste bearbeiten, kommt es zu Verfilzungen, die sich nur schwer beseitigen lassen.

KARDÄTSCHE   SCHERE   KAMM   BÜRSTE

1 Das Fell langhaariger Hunde wie beispielsweise des Rough Collies muß täglich gründlich durchgebürstet und regelmäßig nachgeschitten werden. Zunächst mit einer Kardätsche vorsichtig alle Knoten und Verfilzungen lösen. Beim Bürsten nicht zuviel Kraft einsetzen.

2 Mit der Haarbürste durch das Fell fahren – ebenfalls nicht zu kraftvoll, um keine Haare herauszureißen. Alle größeren Knoten sollten nun entfernt sein. Langhaarige Hunde mit dichtem Fell neigen zu Verfilzungen an den Läufen. Bürsten Sie diese meist empfindlicheren Regionen besonders vorsichtig.

Tips für die Hundepflege

3 Bearbeiten Sie das Fell mit einem groben Kamm, um auch kleinere Knoten zu lösen. Hochwertige feine und grobe Stahlkämme sind unentbehrlich, um Knoten, Verfilzungen und Dreckklumpen aus dichtem, langem Fell zu entfernen. Bürsten mit kurzen Borsten eignen sich nicht.

4 Schneiden Sie die Behaarung der Läufe mit einer scharfen Schere zurecht. Vergessen Sie die Zehenzwischenräume nicht, da dort länger verkeilte Schmutzpartikel zu Reizungen führen können. Begegnen Sie dieser Gefahr, indem Sie das Fell unmittelbar nach dem Auslauf kürzer schneiden.

5 Schneiden Sie das Fell in der Umgebung des Sprunggelenks und die Federn (die buschigen Haare an den Hinterläufen) mit einer scharfen Schere, damit sich dort kein Schmutz einnisten kann. Für das Bürsten eines langhaarigen Hundes müssen Sie mit wenigstens 15 Minuten rechnen.

LEINE UND GEHORSAM

58 GRUNDSÄTZLICHES

Gestalten Sie Ihre Ausbildungssitzung nicht zu lang, da sich Hunde nur kurzzeitig konzentrieren können. Verwenden Sie anfangs während und vor allem am Ende des Trainings stets lobende Worte.

- Den Hund während der Ausbildung stets anleinen.
- Die Sitzungen auf 15 Minuten (zweimal täglich) beschränken.
- Beenden Sie jede Sitzung positiv.
- Spielen Sie miteinander.

59 KOMMANDOS ERTEILEN

Um Ihre Kommandos zu untermauern, müssen Sie anfangs Leckerchen zur Belohnung einsetzen. Zeigen Sie dem Hund das Leckerchen, das er erst nach erbrachter Leistung bekommt.

LOCKMITTEL ▷
Belohnung für hungrigen Hund.

Hund macht »Sitz« für Belohnung

Kein Leckerchen, doch lobende Worte

Hund setzt sich nur auf Kommandos

△ WORTE FÜHREN
Leckerchen reduzieren, so daß der Hund allein auf Ihre Körpersprache reagiert.

LEINE UND GEHORSAM

60 KOMMANDO »SITZ!«

Die ersten und für den Hund am leichtesten erlernbaren Kommandos lauten »Sitz!« und »Komm!«.

- Den Hund angeleint lassen.
- Die Sitzungen mit einem Leckerchen einleiten.

Hund reagiert auf in Körpermitte gehaltenes Futter

Futter direkt über den Kopf halten

1 Gehen Sie mit dem Leckerchen etwas zurück. Sagen Sie »Komm!«, und zeigen Sie dem Hund das Leckerchen.

2 Kommt der Hund, strecken Sie Ihre Hand über seinen Kopf. Angesichts des Futters wird der Hund sich nun setzen.

3 Geben Sie das Kommando »Sitz!«, sobald der Hund sich zu setzen beginnt. Jedesmal weniger Futter geben.

61 PROBLEME MIT DEM »SITZ!«

Es bedarf zahlreicher Übungssitzungen, bis Ihr neuer Hund oder Welpe das »Sitz!« gelernt hat. Klappt es trotz Leckerchen nicht, knien Sie sich hin, und ergreifen Sie das Halsband mit der rechten Hand. Nun mit der linken Hand das Hinterteil herunterdrücken und gleichzeitig »Sitz!« sagen. Belohnen Sie den Hund mit Lob und Leckerchen. Wiederholen Sie die Übung.

Finger nicht zu stark abspreizen, um den Hund nicht zu verletzen

LEINE UND GEHORSAM

62 »BLEIB!« UND »KOMM!«

Diese Trainingseinheit soll den Hund warten und auf Zuruf kommen lassen. Führen Sie das Tier immer an den Ausgangspunkt zurück, und wiederholen Sie das Kommando (*siehe Schritt 1*).

1 ◁ Lassen Sie den Hund »Sitz« machen, und geben Sie das Kommando »Sitz-Bleib!«. Vermeiden Sie das »Bleib!«, falls Sie dem Hund später beibringen wollen, auf Ihre Rückkehr zu warten.

2 ▷ Entfernen Sie sich mit der Leine möglichst weit von Ihrem Hund und rufen Sie ihn – ein Leckerchen zeigend – beim Namen, gefolgt vom Kommando »Komm!«.

Hund sieht Leckerchen in der rechten Hand

Hund nähert sich Ihnen und dem Leckerchen

4 ▽ Nun üben Sie die Kommandos mit Hilfe einer Langleine auf größere Distanz. Bieten Sie anstelle des Leckerchens ein auch auf größere Entfernung sichtbares Spielzeug als Belohnung an.

Die lockere Leine zur Zurechtweisung straffziehen

Leckerchen dicht am Körper halten, um Blickkontakt zu wahren

3 ▷ Sobald der Hund Sie erreicht hat, loben Sie ihn und sagen »Sitz!«. Schritte 1 bis 3 mehrmals üben.

5 ▷ Wenn der Hund die Kommandos »Komm!« und »Sitz!« gut befolgt, geben Sie ihm das Spielzeug und loben ihn überschwenglich. Übertreiben Sie mit den Belohnungen, wird Ihr Hund womöglich nur noch auf Bestechung reagieren.

Hund wartet gehorsam sitzend auf seine Belohnung

LEINE UND GEHORSAM

63 KOMMANDO »PLATZ!«

Dieses Kommando soll den Hund an Ihre Führungsrolle erinnern und ist gut für Situationen voller Ablenkungen. Beim »Platz!« kann der Hund wahlweise zwei natürliche Positionen einnehmen: entweder mit unter dem Körper eingezogenen oder mit seitlich angewinkelten Hinterläufen.

Leinenende mit dem Knie fixieren

1 Geben Sie das Kommando »Sitz!«. Knien Sie sich neben den Hund, und halten Sie ihn am Halsband fest.

Leckerchen gegen Diebereien umschließen

2 Das Leckerchen zur Nase und nach unten führen. Sobald der Hund zu schnüffeln beginnt, das Leckerchen unten vor die Nase halten.

Hund legt sich hin, um auf Tuchfühlung zu bleiben

3 Während Sie das Leckerchen nach vorn bewegen, sollte sich der Hund nach vorn ausstrecken und hinlegen. Wiederholen Sie die Übung, bis der Hund allein auf Ihre Worte reagiert.

LEINE UND GEHORSAM

64 DER HUND FOLGT NICHT

Rechnen Sie zu Beginn der Ausbildung vor allem eines Welpen, mit oder ohne Leine, nicht mit sofortigen Erfolgen. Legt sich Ihr Hund auch nach mehreren Durchgängen nicht hin, lassen Sie ihn zunächst eine Bettelhaltung einnehmen. Hierzu knien Sie sich rechts neben den Hund und umgreifen den rechten Vorderlauf von unten mit der rechten und den linken Lauf mit der linken Hand. Nun den Hund aufrichten und in eine liegende Position bringen. Rufen Sie ihn beim Namen, und loben Sie ihn.

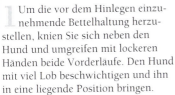

Die Läufe sanft umgreifen und nicht umklammern

1 Um die vor dem Hinlegen einzunehmende Bettelhaltung herzustellen, knien Sie sich neben den Hund und umgreifen mit lockeren Händen beide Vorderläufe. Den Hund mit viel Lob beschwichtigen und ihn in eine liegende Position bringen.

2 Führen Sie den Hund mit sanftem Druck nach unten, während Sie sanft an den Vorderläufen ziehen. Halten Sie den Schulterdruck einige Sekunden nach dem Hinlegen aufrecht. Loben Sie ihn, und sagen Sie beim Loslassen »Okay«.

Finger über der Schultermuskulatur zusammenhalten

65 RICHTIG LOBEN

Hunde müssen wissen, ob sie auf die Kommandos richtig reagieren. Korrektes Verhalten läßt sich durch Leckerchen, Spielzeuge, Streicheln und ständiges Loben verstärken. Falls Ihr Hund bei der Ausbildung genau tut, was Sie von ihm verlangen, können Sie ihn gar nicht genug dafür loben.

△ BERUHIGENDER KONTAKT
Loben Sie Ihren Hund, und streicheln Sie ihn ausgiebig und gleichmäßig mit der flachen Hand.

◁ LOCKMITTEL
Vor allem hungrige Hunde sind aufmerksam, wenn sie Leckerchen beschnüffeln können.

66 KLUGE BELOHNUNGEN

Schon nach wenigen Trainingssitzungen wissen Sie, auf welche Leckereien oder Spielzeuge Ihr Hund reagiert. Schnallen Sie sich eine Hüfttasche um, damit Sie Leckereien rasch bei der Hand haben.

PLASTIKRING

TROCKENFUTTER

HUNDEKUCHEN

KAURIEGEL

WURFBALL

SPIELZEUG

LEINE UND GEHORSAM

67 AN DER LEINE ZERREN

Das Zerren an der Leine ist das häufigste Erziehungsproblem des Hundehalters. Abhilfe schaffen erneutes Training (s. S. 44–49) und das Lehren der Leinenführigkeit (s. S 52–55). Vermeiden Sie Kräftemessen, da der Hund stärker ziehen würde.

AUFGEREGTES ZERREN AN DER LEINE

1 ◁ Führen Sie den Hund an der Leine. Wenn der Hund zieht, lassen Sie die linke Hand die Leine hinuntergleiten und üben einen kräftigen Zug aus.

Einmal kräftig an der Leine ziehen

Leichtes Ziehen an der Leine bringt den Hund in Positur

Belohnen Sie den Hund mit einem kleinen Leckerchen, wenn er »Sitz« macht.

2 △ Sobald der Hund »bei Fuß« plaziert ist, erteilen Sie das Kommando »Sitz!«. Gehen Sie weiter, und üben Sie das Führen an der Leine.

3 ◁ Wiederholen Sie die Schritte 1 und 2, sobald der Hund an der Leine zieht. Belohnen Sie ihn durch Streicheln und Worte, wenn er, ohne zu ziehen, bei Fuß geht.

LEINE UND GEHORSAM

68 AN DER LEINE FÜHREN

Das Gehen bei Fuß gehört zum Gehorsamstraining und ist vorrangiges Ausbildungspensum für jeden Hundehalter. Vor allem, wenn Sie ohne Leine (s. S. 54–55) beginnen wollen, sollten Sie stets einige Leckerchen bereithalten, um Ihr Kommando zu verstärken.

1 ◁ Knien Sie sich zu Hause vor den Hund, und lassen Sie ihn die Leine beschnüffeln. Befestigen Sie die Leine am Halsband, und vermeiden Sie in dieser Phase jeglichen Zug.

4 ◁ Reichen Sie dem Hund das Leckerchen, wenn er bei Fuß kommt. Halten Sie Blickkontakt, rufen Sie seinen Namen, und loben Sie ihn (»Guter Hund!«). Nun geben Sie das Kommando »Sitz!« und loben ihn nochmals. Wiederholen Sie die Übungen mit allmählich zunehmender Entfernung.

Hund bleibt dicht neben dem Halter

5 ▷ Führen Sie den Hund mit der linken Hand nach rechts, während Sie das Kommando »Bei Fuß!« erteilen.

LEINE UND GEHORSAM

Die linke Hand ist bereit, die Leine hinabzufahren

2 ◁ Erteilen Sie nun das Kommando »Sitz!«. Rechts neben dem Hund stehend, die Leine und ein Leckerchen in der rechten Hand halten, während die linke Hand die Leine ohne Zug aufnimmt.

Kurz an der Leine ziehen

3 △ Führen Sie den Hund einige Schritte neben sich her, und erteilen Sie das Kommando »Bei Fuß!«. Ziehen Sie sanft an Leine oder Halsband, falls der Hund nach vorn prescht.

6 ▷ Bevor Sie die Linkskehre vollziehen, gehen Sie etwas schneller und halten dem Hund ein Leckerchen vor die Nase, um ihn abzubremsen. Halten Sie den Hund dicht neben dem linken Bein, und geben Sie das unterstützende Kommando »Langsam!«.

Hund wird durch Halsband zurückgehalten

Hund stets körpernah führen

LEINE UND GEHORSAM

69 OHNE LEINE

Ihr Hund darf Ihnen nie aus den Zügeln gleiten, wenn Sie mit ihm draußen unterwegs sind. Die Leinenführigkeit soll Kontrolle garantieren. Es ist sehr gut, wenn der Hund ohne Leine brav neben Ihnen hergeht. Die meisten Hunde (vor allem die als Welpen angeschafften) folgen ihrem Halter wie von selbst – und erst recht, wenn ein Leckerchen winkt. Regelmäßige (bis zu viermal täglich), kurze (höchstens 15 Minuten) und nicht zu ernste Trainingssitzungen sind wichtig. Wählen Sie hierzu einen abgeschiedenen Bereich.

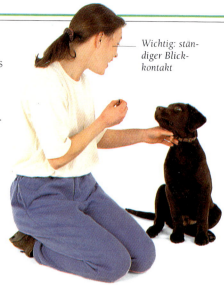

Wichtig: ständiger Blickkontakt

1 △ Plazieren Sie sich rechts neben dem Hund, und ergreifen Sie das Halsband mit der linken Hand. Wecken Sie seine Aufmerksamkeit, indem Sie seinen Namen rufen und ihm das Leckerchen zeigen.

Halter wiederholt das Kommando »Bei Fuß!« und sagt ein ermunterndes »Guter Hund«.

4 ▷ Für die Rechtskehre leicht in die Knie gehen und dem Hund das Leckerchen dicht vor die Nase halten. Wiederholen Sie das Kommando »Bei Fuß!«, während Sie sich nach rechts wenden. Der Hund muß seine Schritte beschleunigen, um Ihnen folgen zu können.

Der Arm führt den Hund nach rechts

Der Hund folgt dem Leckerchen

LEINE UND GEHORSAM

Der Arm hindert den Hund am Vorpreschen

Der Geruch hält den Hund in Bewegung

2 △ Gehen Sie eine gerade Strecke, während der Hund dem Leckerchen folgt. Geben Sie das Kommando »Bei Fuß!«. Halten Sie die linke Hand niedrig, und gehen Sie in die Hocke, um das Halsband zu ergreifen.

3 △ Kommandieren Sie »Bleib!«, und knien Sie sich rechts neben den Hund. Halten Sie das Leckerchen weit unten, damit der Hund nicht danach springt. Legen Sie die linke Hand mit nach unten vor die Hinterläufe, um den Hund zu bremsen.

Der Hund wird langsamer, während er seine Belohnung erhält

5 ▷ Für eine Linkskehre leiten Sie den Hund mit der linken Hand am Halsband herum, während Sie »Langsam!« befehlen. Halten Sie das Leckerchen in geringer Höhe, und schwenken Sie die rechte Hand nach links. Der Hund soll dem Leckerchen folgen. Mehrmals üben.

LEINE UND GEHORSAM

70 BEGEGNUNG MIT KINDERN

Kinder werden eher gebissen als Erwachsene, da sie auf den Hund weniger imposant wirken. Erklären Sie jedem Kind, das Ihren Hund streicheln möchte, daß manche Hunde böse sein können und daß es niemals toben und schreien oder dem Hund einen Klaps auf den Kopf erteilen darf. Hunde sollten nur unter Aufsicht eines Erwachsenen an Kinder herangeführt werden. Kinder sollten den Hund nur von vorn streicheln. Loben Sie Ihren Hund für gutes Betragen, aber zügeln Sie ihn, falls er knurren sollte.

Erwachsener ist stets präsent

71 BEGEGNUNG MIT ARTGENOSSEN

Wenn Ihr Hund einem Artgenossen begegnet, kommt er zwar meistens mit dem anderen Tier aus, doch Revierstreitigkeiten können zu Kämpfen führen, die bei Hunden gleichen Geschlechts, Wuchses und Alters am wahrscheinlichsten sind. Loben Sie Ihren Hund, wenn er andere Hunde nur beschnüffelt.

Die straffe Leine fördert Aggression

72 Seltsame Fressgewohnheiten

Hunde finden bisweilen Appetit am Kot anderer Tiere. Falls Sie bei Ihrem Hund ein derartiges Verhalten beobachten, erteilen Sie zunächst das Kommando »Nein!«. Sollte er den Kot aufnehmen, sagen Sie »Aus!«. Überraschen Sie ihn mit einer Wasserpistole, oder lenken Sie ihn mit einem Spielzeug ab, um das Kommando zu untermauern. In Ausnahmefällen fressen Hunde auch ihren eigenen Kot oder den anderer Hunde. Träufeln Sie in diesem Fall eine scharfe Würzsauce über einen frischen Kothaufen.

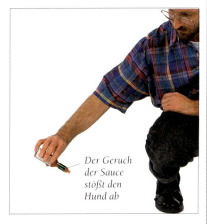

Der Geruch der Sauce stößt den Hund ab

73 Eine starke Hand

Einige Requisiten unterstützen Ihre Kommandos, Handsignale und Ihre Körpersprache. Sie signalisieren Ihrem Hund sein schlechtes Betragen und seine mangelnde Unterordnung. Blumenspritzen, Wasserpistolen, Trillerpfeifen, Sirenen und Spielzeuge sind nützliche Ablenkungen, die Ihnen zusammen mit einem »Nein!« oder »Aus!« bei der Disziplinierung helfen. Schlagen Sie den Hund nicht für unerwünschtes Verhalten.

BLUMENSPRITZE

TASCHENSIRENE

WASSERPISTOLE

ABLENKENDES SPIELZEUG

SPIEL UND BEWEGUNG

SPIEL UND BEWEGUNG

74 KAUSPIELZEUGE

Ihr Hund sollte mit einem Spielzeug Ihrer Wahl spielen oder üben anstatt mit einem selbstgewählten Haushaltsgegenstand. Kauknochen kräftigen die Kiefer, während sich Ziehringe ideal zum Kräftemessen eignen. Bälle lehren den Hund spielerisches Fangen und Apportieren.

 GUMMIBALL

 NYLONKNOCHEN

 **ZIEHRING**

75 GEEIGNETE SPIELZEUGE

Hundespielzeuge bringen Spaß und Sicherheit. Beschränken Sie den Gebrauch jedes Spielzeugs, um Besitzansprüche zu vermeiden.

Verwenden Sie keine leicht verschluckbaren Bälle und Spielzeuge. Geben Sie dem Hund keine alten Schuhe oder Kleidungsstücke.

76 SELBSTGEMACHTES

Streichkäse in den hohlen Knochen füllen

Besorgen Sie sich als Alternative zu fertigen Spielzeugen einen sterilisierten, hohlen Knochen, den Sie mit Streichkäse auskleiden. Zeigen Sie den Knochen Ihrem Hund, und machen Sie ihn auf das verborgene Futter aufmerksam. Dieses Spielzeug verschafft ihm Kaupraxis beim Versuch, an das Futter heranzukommen.

 HOHLER KNOCHEN

77 Bälle und Frisbeescheiben

Die Jagd auf eine trudelnde Frisbeescheibe oder einen hüpfenden Ball ist für den Hund eine prächtige Übung und ein aufregendes Freiluftspiel. Der Hund sollte sich ungehindert bewegen können. Spielerisches Fangen und Apportieren testen Reaktionen und Gehorsam des Hundes und kanalisieren seine Sprunginstinkte; sie reduzieren den Zerstörungstrieb und stützen Ihre Autorität.

Frisbeescheibe

Spielerisches Fangen und Apportieren

78 Tauziehen

Anfälle von Zerstörungswut sind bei gelangweilten oder untätigen Hunden keine Seltenheit. Diese Energie läßt sich mit Hilfe eines Tauziehspiels nutzen. Sorgen Sie dafür, daß stets Sie der Sieger sind, damit der Hund nicht annimmt, er würde über Ihnen stehen.

So ist's richtig
Vor dem Tauziehen muß der Hund gelernt haben, einen Gegenstand auf Kommando abzulegen.

Verknotetes Zugseil

SPIEL UND BEWEGUNG

79 TÄGLICHER AUSLAUF

Wenn Ihr Hund den Gehorsam erlernt hat, sollten Sie ihn wenigstens einmal täglich an der Leine ausführen und nur dort losleinen, wo dies erlaubt ist. Nehmen Sie etwas zum Werfen mit, um dem Hund ausreichend Bewegung zu verschaffen.

◁ LEINEN LOS
Spaziergänge und freies Laufen wenigstens einmal täglich durchführen.

△ ANGELEINT
In Gegenwart anderer Hunde gibt eine Ausfahrleine Bewegungsfreiheit und Sicherheit.

80 JOGGING FÜR HUNDE

Mit einem Hund zu joggen, der das Laufen bei Fuß gelernt hat, vergnügt Herr und Hund. Beachten Sie in der Stadt den Verkehr und die Straßenverkehrsordnung. Auf dem Lande müssen Sie dafür sorgen, daß Ihr Hund keinen Tieren hinterherjagt und keine Kulturen betritt. In solchen Situationen muß der Hund unbedingt auf das Kommando »Bei Fuß!« hören. Im Zweifel sollten Sie den Hund beim Joggen an der Leine führen.

Der Hund muß dicht an Ihrer Seite bleiben

IM AUTO UND AUF REISEN

REISEBOX FÜR KLEINTIERE

81 DIE REISEBOX

Hunde, die an einen eigenen Käfig gewöhnt sind, könnten darin eine Reise per Flugzeug oder Auto antreten. Anderenfalls ist eine spezielle Reisebox für Kleinhunde nötig. Die Box (*links*) hat einen Tragegriff, Riegelverschluß, Lüftungsschlitze und reichlich Platz.

82 SICHERHEITSGITTER

Sicherheitsnetze und besser noch -gitter sorgen für einen sicheren Transport des Hundes auf der Ladefläche des Kombis. Das Gitter schützt den Hund bei einer scharfen Bremsung und hält die Polster frei von Haaren.

SICHERHEITSGITTER FÜR KOMBIS

SICHERHEITSGURT FÜR HUNDE

83 SICHERHEITSGURTE

Spezielle Sicherheitsgurte für Hunde verringern das Verletzungsrisiko bei Unfällen. Ein Sicherheitsgurt ist besonders sinnvoll, falls Sie eine Limousine besitzen sollten. Außerdem verhindert der Sicherheitsgurt Störungen des Fahrers durch den Hund. Notfalls können Sie auch die Leine an der Verankerung des gewöhnlichen Sicherheitsgurts befestigen, um die Bewegungen des Hundes einzudämmen.

IM AUTO UND AUF REISEN

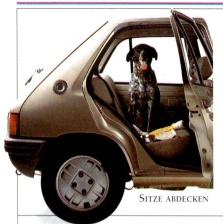
SITZE ABDECKEN

84 IM AUTO
Gewöhnen Sie den Hund durch häufigere Fahrten ans Auto.
• Nicht vor Antritt der Fahrt füttern.
• Polster und Fußraum mit alten Zeitungen oder Handtüchern auskleiden, an warmen Tagen Sonnenrollo verwenden.
• Großen Plastikkanister mit Wasser mitführen. Alle zwei bis drei Stunden anhalten, damit der Hund seinen Durst stillen kann.

85 ÜBERHITZUNG VERMEIDEN
Hunde können keine Wärme durch Schwitzen abgeben, sondern nur hecheln. Sie können daher leicht einen Hitzschlag bekommen, der tödlich enden kann. Lassen Sie den Hund niemals unbeaufsichtigt in einem heißen Auto zurück, auch nicht im Schatten mit einem nur leicht geöffneten Fenster. Verwenden Sie Rollos oder Sonnenblenden gegen Erwärmung.

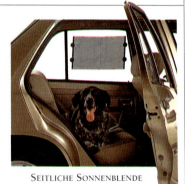
SEITLICHE SONNENBLENDE

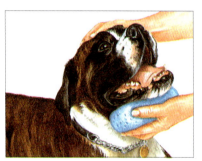
RASCH KALTES WASSER AUFTRAGEN

86 ERSTE HILFE
Hecheln, Speichelfluß und nachfolgender Kollaps sind die sichersten Zeichen für eine Überhitzung des Hundes. Bringen Sie den Hund unverzüglich an einen kühleren Ort, und befreien Sie das Maul von Speichel und Schleim. Geben Sie dem Hund zu trinken, und hüllen Sie ihn möglichst in ein feuchtes, nicht zu kaltes Handtuch.

Im Auto und auf Reisen

87 Sicherheit zu Wasser

Bei Bootsausflügen sollten Sie Ihrem Hund immer eine Schwimmweste anlegen. Hunde sind zwar auf kurzen Strecken recht gute Schwimmer, können jedoch auf längere Distanz aus Erschöpfung ertrinken. Eine Schwimmweste hält den Hund im Notfall so lange über Wasser, bis Hilfe eintrifft.

Eine Schwimmweste sorgt für Auftrieb

88 Wanderungen

Für längere Wanderungen gemeinsam mit Ihrem Hund empfehlen sich spezielle Satteltaschen, an die Sie den Hund langsam gewöhnen sollten. In den Taschen können Sie alle für den Hund benötigten Utensilien und Futtervorräte verstauen. Achten Sie auf eine gleichmäßige Gewichtsverteilung.

HUNDERUCKSACK

89 Tollwutgefahr

Die wenigen tollwutfreien Länder sind meist Inseln oder Halbinseln. Tollwut ist die gefährlichste aller von einem Tier auf ein anderes (und auch auf den Menschen) übertragbaren Krankheiten. Virusträger sind oft Füchse, und die Übertragung erfolgt mit dem Speichel durch Bißverletzungen. Warnzeichen sind Wesensveränderung und übermäßiger Speichelfluß. Alle Hunde sollten in den entsprechenden Ländern gegen Tollwut geimpft sein. In tollwutgefährdeten Gebieten sollten sich auch Menschen impfen lassen.

90 Quarantäne

Die Einführung eines Hundes in ein tollwutfreies Land kann eine mehrmonatige Quarantäne erfordern. Vor einer Reise sollten Sie sich daher genau nach den geltenden Vorschriften erkundigen. In manchen Ländern müssen Sie nachweisen, daß Ihr Hund wenigstens vier Monate vor der Einreise erfolgreich gegen Tollwut geimpft wurde. Die hohen Quarantänekosten setzen sich aus Spezialunterbringung, Transport ab Hafen oder Flughafen, Sonderabfertigung, Versicherungen und Tollwutimpfungen zusammen.

GESUNDHEITSTESTS

91 AUGEN AUF

Wenigstens einmal monatlich sollten Sie Ihren Hund selbst untersuchen. Gehen Sie darüber hinaus aber möglichst einmal jährlich zu einem Tierarzt.

MAUL
Achten Sie auf schlechten Atem, tröpfelnden Speichel, entzündetes Zahnfleisch und lockere oder brüchige Zähne.

AUGEN
Blutunterlaufene Augen dürfen nicht vorkommen.

ANALREGION
Halten Sie Ausschau nach Würmern im Kot, weißen Körnchen am After oder anhaltendem Durchfall.

HAUTLEIDEN
Achten Sie auf ständiges Kratzen, plötzliches Kauen oder Lecken, Rötungen oder vermehrtes Haaren.

MIT SICHERHEIT GESUND
Ein gesunder Hund ist lebhaft, verbringt jedoch auch zahlreiche Stunden gern im Liegen.

GESUNDHEITSTESTS

OHRENINFEKTIONEN
Krankheitszeichen sind ständiges Kopfschütteln, Ausfluß und Schwellungen der Ohrmuschel. Mangelnde Befolgung von Kommandos kann auf eine Ertaubung hindeuten.

PFOTEN UND SOHLEN
Achten Sie auf Schnitt- oder Brandwunden sowie abgebrochene oder eingerissene Nägel.

92 FLÖHE

Flöhe suchen den Hund nur zum Blutsaugen auf. Untersuchen Sie Fell und Hundebett nach rußartigen Partikeln. Besprühen Sie das Fell mit einem Insektizid, und reinigen Sie den Schlafbereich.

FLOH
Besprühen Sie das Hundebett mit einem biologischen Spray.

93 ZECKEN UND MILBEN

Parasiten verursachen Juckreiz, Hautausschlag, Wundheit und Schwellungen. Falls Ihr Hund Zecken oder Milben hat, baden Sie ihn mit einem insektiziden Schampoo, und waschen Sie sein Bett. Zecken vorsichtig herausdrehen.

MILBE   ZECKE   LAUS

94 ENTWURMUNG

Regelmäßige Wurmkuren halten die meisten Innenparasiten unter Kontrolle. Manche Wurmarten erfordern eine spezielle Medizin. Ihr Tierarzt berät Sie über grundsätzliche Risiken.

△ **BANDWÜRMER**
Achten Sie im Analbereich und Kot auf bewegliche Eier.

◁ **FADENWÜRMER**
Regenwurmartige Parasiten, die sich im Kot weißlich abzeichnen.

GESUNDHEITSTESTS

95 NOTAPOTHEKE

Jeder Hundebesitzer sollte sich eine Notapotheke (*siehe rechts*) anschaffen, um die Schmerzen und Aufregung des verletzten Hundes zu verringern und eine Verschlimmerung zu verhindern, bis der Tierarzt eintrifft.

KLEBEBAND   GAZE   STABILE KLEINBOX

SCHERE   WATTETUPFER   DESINFEKTIONSMITTEL   BEHELFSMAULKORB

96 BISSE

Hals, Nacken, Gesicht, Ohren und Brust werden bei Beißereien unter Hunden am häufigsten verletzt. Nach einem Kampf sollten Sie mit der Untersuchung warten, bis Ihr Hund sich etwas beruhigt hat. Hundezähne erzeugen saubere Bißwunden; achten Sie daher auf mögliche Verletzungen tieferer Gewebeschichten. Tiefe Wunden müssen vom Tierarzt versorgt werden. Kämpfende Hunde mit Schlauch bespritzen.

1 Tiefe Bißwunden erfordern den Einsatz von Antibiotika. Entfernen Sie zunächst mit einer Schere das Fell in der Umgebung der Wunde.

2 Die betroffene Region vorsichtig mit warmem Wasser und einem milden Desinfektionsmittel befeuchten. Wasserlösliches Gel auftragen.

3 Falls eine oberflächliche Rißwunde vorliegt, den verletzten Bereich mit einer antiseptischen Creme bestreichen. Rechnen Sie später mit blauen Flecken.

GESUNDHEITSTESTS

97 INSEKTENSTICHE

Wespen, Bienen- und Hornissenstiche erzeugen auch beim Hund Schmerzen und Schwellungen. Betroffen sind meist Schnauze und Gesicht. Plötzliche Schwellungen im Hals- und Rachenbereich erfordern dringend eine tierärztliche Behandlung.

STACHEL MIT PINZETTE ENTFERNEN

98 TABLETTEN

Einige Hunde beherrschen den Trick, Tabletten im Maul zu behalten und später unbemerkt auszuspucken. Verbergen Sie daher die Tablette in einem Stück Fleisch oder Brot, oder umhüllen Sie sie mit geschmolzener Schokolade.

1 △ Öffnen Sie das Maul vorsichtig mit einer Hand, und plazieren Sie die Tablette mit der anderen Hand möglichst weit hinten auf der Zunge.

2 ▷ Halten Sie die Schnauze fest umschlossen, und heben Sie den Kopf des Hundes leicht an. Warten Sie, bis er geschluckt hat und sich die Lippen leckt.

GESUNDHEITSTESTS

99 BEHELFSMAULKORB

Mangels eines richtigen Maulkorbs kann es vorkommen, daß Sie Ihrem Hund einen behelfsmäßigen Maulkorb anlegen müssen. Falls Ihr Hund von einem Auto angefahren wurde, sollten Sie ihm einen improvisierten Maulkorb anlegen, bevor Sie ihn näher untersuchen oder in Sicherheit bringen. Wickeln Sie einen Verband (aus Ihrer Notapotheke) oder Schal um das Maul, den Sie unter dem Kiefer und am Nacken verknoten. Ermitteln Sie die Verletzungen, und suchen Sie den Tierarzt auf. Aus Sicherheitsgründen sollten stets Sie und nicht der Tierarzt oder eine Assistentin einem verängstigten Hund den Maulkorb anlegen.

1 Während der üblichen tierärztlichen Untersuchung sollten Sie selbst den Hund halten und einige beruhigende Worte sprechen.

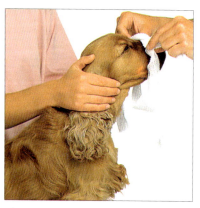

2 Einem erregten Hund sollte der Halter einen Maulkorb anlegen. Hierzu eine Schleife herstellen und dem Hund mit dem Knoten zuoberst überstreifen.

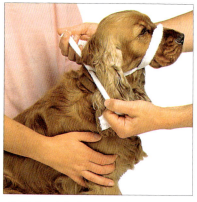

3 Verband drehen, so daß der Knoten unter dem Kiefer liegt. Beide Enden hinter den Nacken führen und fest verknoten. Schal oder Krawatte tun es auch.

GESUNDHEITSTESTS

100 BEHELFSTRAGE

Wenn Ihr Hund in einen Verkehrsunfall verwickelt wurde, sollten Sie ihn auf einer Decke aus der Gefahrenzone bringen.

- Maulkorb anlegen (Verband).
- Auf Blutungen, fehlgestellte Gliedmaßen achten. Gebrochene Gliedmaßen nicht bewegen.

1 Sobald Sie den Zustand des Hundes ermittelt haben, sollten Sie sich dabei helfen lassen, den Hund vorsichtig auf eine Decke oder einen Mantel zu heben.

2 Falls Sie allein sind, legen Sie den Mantel längs neben den Rücken des Hundes und ziehen ihn an Nacken und Hüfte auf die Unterlage.

101 BEIM TIERARZT

Jeder Hundehalter sollte sein Tier mindestens einmal jährlich dem Tierarzt vorstellen. Falls Ihr Hund ohne sichtliche Verletzungen oder Blutungen aus einem Unfall davongekommen ist, sollten Sie dennoch unverzüglich zum Tierarzt gehen, denn es können innere Verletzungen oder Brüche vorliegen.
Suchen Sie auch den Tierarzt auf:
- für Zuchtempfehlungen,
- falls Ihr Hund taumelt,
- bei akuten Schmerzen, Erbrechen oder blutigen Ausscheidungen,
- bei Atemnot; wenn die Pfoten zum Maul fahren.

Kontrolle der Atmung mit einem Stethoskop

REGISTER

A
Afghane 11
Aggression 56
Airedale Terrier 11
Analbereich 13, 64
Apportieren 59
Augen 13, 64
Auslauf 60
Ausscheidungen:
　fressen 57
　Toilettentraining 28–30
Ausstellungen 8
Auswahl des Hundes 8–14
Autotransport 61–62

B
Baden 36–37
Bälle 58, 59
Bandwurm 65
Bellen 32
Belohnen 44, 50
Bestrafen 57
Betteln 32
Bewegung 58–60
Bisse 66
Boxer 12
Bürsten 39, 40

C
Chihuahua 9

D
Disziplin 57
Dobermann 11
Dosenfutter 22, 25
Durchblutung der Kralle 38

E
Erziehung 14
　Gehorsam 44–57
　Stubenreinheit 28–30

F
Fadenwürmer 65
Fell 11, 13
　drahthaariges 11
　gekräuseltes 11
　glattes 11, 40
　langhaariges 11, 42–43
　seidiges 11, 41
Fleisch 23, 25
Flöhe 65
Freßgewohnheiten, unappetitliche 57
Frisbeescheibe 59
Frischfutter 23
Futter:
　Belohnungen 44
　Fütterung 21–27
　stehlen 31
Fütterung 21–27

G
Gehorsam 44–57
Gemüse 24
Geschirre 17
Gesicht säubern 34
Gesundheit 64–69
Gewichtskontrolle 27
Golden Retriever 8

H
Haarbürste 39–42
Haare schneiden 43
Haaren 33
Haarwechsel 33
Halbtrockenes Futter 22, 24
Halsband 16
Hautleiden 13, 64
Hitzschlag 62
Hundekäfig 29
Hundepflege 33–43
Hundeschaufel 30
Hündin 11, 22

I
Imbiß 27
Impfung 63
Insektenstiche 67

K
Kämme 43
Kämpfe 56, 66
Kardätsche 39, 41–42
Kauen 31
Kauf 14
Kauspielzeuge 58
Kennzeichnung 14
Kettenhalsband 19
Kindersicherheit 56
Knabbereien 26
Knochen 26, 58
Knoten auskämmen 42–43
Kommandos 44, 57
　»Bei Fuß!« 52–55
　»Bleib!« 46
　»Komm!« 45–47
　»Platz!« 48
　»Sitz!« 45, 47
Kontaktaufnahme 15–20

REGISTER

Kopfgeschirr 17–18
Krallen schneiden 38
Krallenschnitt 38
Krankheiten 22, 63
Kreuzungen 10

L
Labrador Retriever 9
Läufigkeit 11
Laufsport 60
Leckerchen 27, 44–48, 50–55
Leinen 17
  Training 51–53
Leinenführigkeit 52–55
Loben 44, 50

M
Maulkorb 18, 68
Medizin 67
Milben 65
Mineralien 25
Mischlinge 10
Mundraub 31

N
Näpfe 21
Notapotheke 66

O
Ohren 12, 65

P
Parasiten 13, 36, 65
Pfoten 65

Q
Quarantäne 63

R
Rassehunde 10
Reisen 61–63

Rottweiler 9
Rough Collie 42
Rüden 11

S
Satteltaschen 63
Schere 33
Schlafstätten 20
Schwimmwesten 63
Shar-Pei 34
Shetland Sheepdog 42
Sicherheit:
  Begegnung mit anderen Hunden 56
  Kinder 56
  Sicherheitsgurte 61
  Wasser 63
Sicherheitsgitter (Auto) 61
Sirenen 57
Spielen 58–59
Spielzeuge 50, 58–59
Stiche 67
Streicheln 50, 56
Stubenreinheit 28–30

T
Tabletten 67
Tauziehen 59
Tierarzt entfällt
Toilettentraining 28–30
Tollwut 63
Trächtigkeit 22, 25
Trage 69
Tragen des Hundes 15
Trimmen 40
Trockenfutter 22, 24

U
Überhitzung 62
Unfälle 68–69

V
Vitamine 24–25

W
Wanderungen 63
Wasser:
  Ernährung 21
  Sport 63
Wasserpistole 57
Welpen 12–13, 15
  Fütterung 22
  Kauen 31
  Unterbringung 20
Wunden 66
Würmer 65

Y
Yorkshire Terrier 41

Z
Zähne 12, 64
  reinigen 35
Zahnfleisch 12, 64
  reinigen 35
Zecken 65

TITELHINWEIS

In der Reihe »101 nützliche Tips« sind bei Bassermann bereits erschienen:

Salate (ISBN 3–8094–0403–9)
Fotografieren (ISBN 3–8094–0404–7)
Video (ISBN 3–8094–0405–5)
Katzenpflege (ISBN 3–8094–0407–1)
Yoga (ISBN 3–8094–0408–X)
Massage (ISBN 3–8094–0409–8)
Zimmerpflanzen (ISBN 3–8094–0410–1)
Rundum fit und gesund (ISBN 3–8094–0411–X)
Wohnräume renovieren (ISBN 3–8094–0412–8)
Rezepte rund ums Huhn (ISBN 3–8094–0413–6)
Unser Baby (ISBN 3–8094–0414–4)

Die Reihe wird fortgesetzt.

Fotos:
Jane Burton: S. 12, 13, 15 o., 72; Guide Dogs for the Blind Association: S. 9 o.li.; Dave King: S. 3, 7, 8 u.li., 11, 61 u.; Tracy Morgan: S. 10 o.; Stephen Oliver: S. 21 o., 24 u.; Steve Shott: S. 1, 29 u., 30 u., 66 o.; David Ward: S. 8 o.re., 9 u., 10 u., 21 u., 56 u., 60 o.li.; Jerry Young: S. 14 u.li.; Andy Crawford, Steve Gorton, Tim Ridley: alle übrigen Fotos.